談　心

——魯竹十四行選集

魯　竹著

文史哲詩叢

文史哲出版社印行

國家圖書館出版品預行編目資料

談心：魯竹十四行選集 / 魯竹著. -- 初版 --
臺北市：文史哲, 民 103.07
頁; 公分（文史哲詩叢；117）
ISBN 978-986-314-200-3（平裝）

851.486　　102013084

文史哲詩叢 117

談心

— 魯竹十四行選集

著　者：魯　竹
出版者：文史哲出版社
http:// www.lapen.com.tw
e-mail：lapen@ms74.hinet.net
登記證字號：行政院新聞局版臺業字五三三七號
發行人：彭　正　雄
發行所：文史哲出版社
印刷者：文史哲出版社
臺北市羅斯福路一段七十二巷四號
郵政劃撥帳號：一六一八〇一七五
電話886-2-23511028・傳真886-2-23965656

定價新臺幣二〇〇元

中華民國一〇三年（2014）七月初版

ISBN 978-986-314-200-3　　09117

談心：魯竹十四行選集

目　次

談心十四行

夢非夢

魯竹十四行
是異類　創新
散文傳記十四行
神話小說十四行

小說是昨天的故事
散文有今天的新聞
新詩是明天的希望

談心激情
感悟共鳴

取捨跫音

單行長歌　凝思
不孤寂
和唱風雲
詩是思絲

雪思

冬下了翩翩雪葉
怨秋風掃黃葉
在樹上
迎接新春的希望

冬下了層層白雪
怕河床乾涸
在河畔
掩蓋秋水的留痕

冬下了厚厚冰雪

讓飛瀑冬眠
在山頂
埋葬轟雷的諾言

冬下了絲絲雪思
任靈思飛翔
在心中
讓你寫耐寒的詩

柯羅拉多高原
鮮文學網／魯竹詩苑　二〇〇一、一二、八

五四

五四 能無思？
五四 台北，陰偶晴

醉風下
政客變臉
議壇亂紛紛
詮釋不了意象

內容失血 臉色變
街頭吶喊 廣告
暴行佔領議會

霸道自由山寨民主
德先生賽先生無能
有勞　勞先生何在
五四　能無思？
五四　能無詩？！

二〇一四、五、四

清官

以金陵梅花葬你
科技的天使
在晶圓片脫胎
科學園換骨的年代

以寶島蘭花祭你
經濟的推手
在南下失常
西進難免的關頭

以新種薔薇供你

創投的教父
在新竹　在中關村
打贏了突破的仗
即使島嶼還在辯証
戒急用忍（t-1）的懸案

註：六月十六日北美科技界華人追悼李國鼎。

追思　吳大猷

以物理寫詩　領導研究
以常識行事　為人間立心
以童真待人　為社會樹風
以建言問政　為萬世開太平

你的成就　不需要金牌光環
你有諾貝爾然的學生為你傳薪
個人駕駛認路偶有糊塗
科學指導方向絕對正確
你打橋牌是為了有零嘴
你反對核武是為了後代

你是理論物理之父
你是華人的驕傲
你以物理加上人情味兒寫詩
在最最需要常識的人間

二〇一〇、四、一三

寧靜

江南才女
淡泊明志
負笈海外
不忘故鄉情
從貝他衰變實驗
到鈷六十極化
率先實證
楊李理論

諾貝爾獎推手
客廳茶几擺設

花蓮大理石
花旗自來水養著
南京雨花台紅石
百年了的寧靜致遠

柯羅拉多高原
魯竹／Luzhu　二〇一二、六、二四
——紀念吳健雄百年冥誕

狼之飛翔

紀弦（1912-2013）

一

飛了　散步的魚　飛了
獨步之狼　飛了
那煙斗銀柄烏木枴杖
瘦長的「檳榔樹」飛了
祁門紅茶　飛了
那美酒第二杯第三杯

別了　楊州上海台北

別了　聖馬太奧老人公寓
飛了　摘星少年獨步之狼
記得「從山中步出／撿到
一枚蟬蛻／卻未聞蟬鳴／／
入山復出山／本來就不為什麼……」

二

人間醉狼
不是北極犬
不是曰耳曼警犬
你是浪漫的狼
愛白相的狼
愛裸女的狼

嗥聲不分現代詩與散文
只要高興醉狼獨步行空

帶上你的畫筆酒杯煙斗飛吧
有鍾鼎文吳奔星等知己陪你
酩酊？　不再親嘴拌嘴
留下四度空間與你的相對論
讓年輕人去舐去咬去感去悟
飛了　風流的超現實醉狼

柯羅拉多高原
魯竹／Luzhu　二〇一三、七、二七

羽化

栩栩蝴蝶飛了
難得逍遙夢遊
難得跨世紀道骨
無我靜坐習禪

菩提樹下
思索人與人人
小我與大我

「且雪中取火
且鑄雪為火」

孤獨國王羽化
還魂草上有露珠
草色凝碧
露珠吟詩
藍星閃爍

柯羅拉多高原
魯竹／Luzhu　二〇一四、五、二

沒線的風箏

悼　吳望堯（1932-2008）

一

一個沒線的風箏
熱愛鄉土的詩者
「可以興，可以觀，
可以群，可以怨」的
鬼才

來自東方的

君子之國
一顆藍星
隕落在七月
「割斷三寸的時間
白髮的君子去自南山……」
記得四方城裏的中國人
你從秋天去
仍從秋天來

二

沒線的風箏
出生在東陽
詩作在台北
曾為西貢人
風箏飛南美

熱心不忘詩歌
創作寫太空寫海底
寫小詩寫長詩

創業有成熱心慈善
捐詩獎獎勵創作

「走完了空間的路
一個指數指引我歸去」
安息吧　巴雷
藍色無線的風箏

柯羅拉多高原
二〇〇八、十、二一

他……沒醉

第十九瓶啤酒
下海　撈月
李白　舞劍
在東山
春夏秋冬

龐德
操練　天兵
補零度C裂隙
那青空　臭氧層

天窗
聖嬰現象
再來一瓶
青島啤酒　還是
半瓶金門高粱
半瓶強尼走路

註：戲和【李白廣場】詩友紫鵑新作「第十八瓶啤酒」。
展貼在【詩路塗鴉區】二〇〇一年六月三十日

沒有黑夜的仲夏

黑夜渡假了
星子和月兒淡出夜幕
沒有黑夜的仲夏
不用打燈的季節，在阿拉斯加

拂曉緊吻著黃昏
你和我盡情享受
陽光，那寒冬萎縮的曙光
在地平線上挑情的太陽

仲夏夜的棒球賽

BBQ 燒烤宵夜之後
尋夢在窗帘深垂下
今夜，天太亮了
明天天還是藍的，沒有戰爭
這是不落日的阿拉斯加

二〇〇一、七、四

兩個爹

八十老青年有
九十四的爹

他在台北盆地石牌
我在柯羅拉多高原

我要飛回島嶼
陪他走最後的行程

曾有個一〇二歲的爹
他背著黑五類走了

那時候我在大四
沒在他身傍

我要飛回去
陪癌症末期的他
陪他走最後一段路
我要我要……

柯羅拉多高原
魯竹／Luzhu 二〇一三、六、一六

零和壹遊戲

一

情
是零和壹的
距離
知音
取捨
1001
牽手

1　　1
有緣人間
來電

分手
0　　0
飛上雲間
開機　開機

柯羅拉多高原
魯竹／Luzhu r 二〇一二、四、一八

二

雲遊未歸
或是電池斷路

錯失交流
機會

請留言：
談心　按1
開心　按2
關心　按3
信心　按4
放心　按5

煩心　按6
傷心　按7
我將盡快以適切心情
回覆

魯竹

一

魯竹十四行
不是他/她的十四行
魯竹十四行
不是百年前的十四行
不是英式的
不是意式的
魯竹十四行

是中式的
是創新的
是蛻變的

從 BBS 雙子星　李白廣場　水雲間　詩樂園　心情客棧
詩路　逗陣　明日報　鮮文學　優秀文學網　靈石島
到　吹鼓吹詩論壇　魯竹e-詩展　谷歌論壇　零疆界風笛
新浪　隱匿的馬戲班　空間了不了的十四個春秋詩情

柯羅拉多高原魯竹／Luzhu 二〇一二、六、二四

二

魯竹十四行
行行有意
意在題外

十四根竹子
根根有情
情抒故事

每根竹子
節節言志
志在風格

竹笛　風笛
節節靈語
通知音

春風下
風笛有詩

柯羅拉多高原
魯竹／Luzhu　二〇一三、一、二七

三

竹竹有思
有語言
在內容

竹有意
有意象
在虛實

竹竹有情
竹有情感
在生活

竹有生命
竹有命理
在知識

知行動
識風向

柯羅拉多高原
魯竹／Luzhu 二〇一三、一、二八

七號地鐵

不能放風箏
在曼哈頓地層下

愛放風箏的東方人
讓七號地鐵衝出
地層奔向青空
直通法拉盛
心繫未斷線的風箏
在高架鐵道上
琢磨一個簡單音符

在未迷失的方向
讓
夢
高高掛在
青空

註一：紐約七號地鐵是從曼哈頓到新華埠皇后區法拉盛的專線，築于起站時報廣場的底層。
註二：法拉盛是追逐美國夢的新僑集居地，有小香港、小台北、小上海、小漢城之稱。

感恩節

戰爭是否到了尾聲
政客仍在預支兑現不了
的諾言

梅西遊行　紐約三百萬人
在寒風中觀希望
奇跡提前來到
跳繩隊男女不斷跳繩

形形式式卡通
高高矮矮圖騰

大大小小的氣球
意識表態

印地安人與火雞
在希望希望
春風

柯羅拉多高原
魯竹／Luzhu　二〇一三

落實

糊塗不糊塗
潺潺汨江流
一部楚辭多少奏鳴
一部離騷多少悲壯

一條綠水悠悠
幾億隻黃色棕子
幾萬艘彩色龍舟

一場血色沙灘登陸
幾十萬無名生靈

幾場黑色沙漠星戰
幾百萬難民流浪

綠色廣場之春
落實幾多血色帳篷
落實幾多不糊塗

柯羅拉多高原
魯竹／Luzhu 二〇一四、六、四

知不知道

我們都知道
地球村有牛仔當家的花旗國
有些事我們知道
人造沙塵暴的恐怖
有些事我們知道我們已經知道
9/11 瘋鷹作孽人造廢墟寡婦孤兒
我們并不知道
上帝國意識會使禿鷹遠征沙漠亂下蛋
我們知道的有些事情其實我們并不知道
政治經濟假情報和競選總統策略

但我們并不知道有些事情我們不知道
文化隔閡种族歧視和人間仇恨如此地深
那些我們不知道的事情我們真的是不知道
戰爭是如此暴虐和平雖然脆弱還有希望

註：聽女高音 E. Wall 唱美國國防部長倫斯斐作詞，江寶仁作曲，'The Unknown'，有感。（單句取材自英語歌詞）

柯羅拉多高原
二〇〇四、六、四

南京祭

不知道為什麼
冬天的夜長日短
太陽哭星墜
富士山地震
雲層厚月羞
神社牌位在顫抖

三千雙子星塔怨魂
搖著反恐怖風幡

誰說南京無愁

上億華夏子孫有怨
祭三十萬被皇軍屠殺的
冤魂使納粹/神學士
望塵莫及上世紀的遺作

冬天的夜很長很長

柯羅拉多高原　魯竹/Luzhu
二〇〇二、一二、一三
二〇〇六、一二、一二　二稿

情報

東京征服不了南京
片假名了的漢字
皇軍了的假情報
神社了的戰犯
正名不了的侵佔
證明終戰不了的抗議

以德不了報怨了
辯證官僚了的數字
抱怨不了的意識
囂張了的哈日

慰安婦了的賣春
紅丸旗旅遊在東南亞
情報不了的道德買單爭議

柯羅拉多高原
二〇〇八、三、一八

悵賬

有算不清的賬漲悵
在這虛擬情感的經濟
哪個會計師不做假賬
在這模擬股價的市場

政客為凍蒜做假賬
學生為成績做假賬
情敵為鵲橋做假賬
老董為股東會議做假賬
失業的呆賬官僚有的是爛賬

興建帝國做假賬傀儡做假賬
春天作了假賬秋天怎能收賬
欲知歷史上有多少假賬
莫在網路上做虛偽的賬
虛擬的假賬漲悵賬

詩是思絲系列
二〇〇二、八、一六

立春

冬霧冰雪季節
你說莫讓情感凍結
該讓憂傷度假

回憶長巷中有你
的諾言
不長的足跡
長長的思維

一年之計在於春
你忘不了往年

忘年之交

年年計不計劃
望春風
春春到人間
春計划在心中

柯羅拉多高原
魯竹／Luzhu 二〇〇七、二、四

世界盃足球

一

綠草地球場
九十分鐘競賽
每人平均奔跑
十公里追皮球

運球盤球截球
剷球角球頂球
難得射球機會

門前罰球越位
判球論球
誰有十分把握

爭議不了的公平
無常了的意外
誰能不犯錯失
足球好似人生

二

四年一度世界盃
全世界球迷
瘋狂在　南非

記得一甲子前
在弄堂踢小洋皮球
那永字商標足球
李惠堂是我們英雄

放學後
兩個書包成球門
一人守門一人射球
人多背後再放兩書包
成六人／八人球場
弄堂是我們運動天堂
不管輸贏得失多逍遙

柯羅拉多高原
二〇一〇、七、一一

三

是殘酷是遺憾是現實
一個月內32隊淘汰賽
全世界萬名記者追逐
老將新秀灰姑娘故事

多少苦練多少合作
多少失誤功虧一簣
多少妙傳扣門得分
多少歡笑多少眼淚

錦標一直是歐美天下
電視廣告授權了不了

的歐美遊戲　亞非
尚需努力競爭　誰無
意外　黃牌　紅牌
在地球是不平的環境

四

五角牛仔霸道了不了
的沙漠星戰　了不了

失血了的美金
沒勁競爭世界盃足球
入圍賽　一而再

經濟大國連續

八年內輸球1:2給
人口少九成的小國

足球講究實力　培訓
技術　教練領導
球迷支持　傳統鬥志

足球賽似市場風波
似人生博弈了不了
的意外與不意外

柯羅拉多高原
二〇一〇、七、一六